ÉTUDES

DE DROIT COLONIAL

DU STATUT PERSONNEL

DES NATIFS DE L'INDE

EN

Matière Civile et Pénale

PAR

Edouard SAUVEL

Avocat au Conseil d'État et à la Cour de Cassation

PARIS

A l'Administration de la Tribune des Colonies et des Protectorats

114, Rue de Provence, 114

—

1899

DU STATUT PERSONNEL

DES NATIFS DE L'INDE

EN

Matière Civile et Pénale

ÉTUDES

DE DROIT COLONIAL

DU STATUT PERSONNEL

DES NATIFS DE L'INDE

EN

Matière Civile et Pénale

PAR

Edouard SAUVEL

Avocat au Conseil d'État et à la Cour de Cassation

PARIS

A l'Administration de la Tribune des Colonies et des Protectorats

114, Rue de Provence, 114

1899

DU STATUT PERSONNEL

DES NATIFS DE L'INDE

EN

Matière Civile et Pénale [1]

CHAPITRE PREMIER

Du statut personnel en matière civile

I. — Il est, en matière de législation coloniale, vis-à-vis des races indigènes, deux systèmes opposés : dans l'un, la nation conquérante applique, en son intégralité, aux habitants du pays conquis sa propre législation ; dans l'autre, au contraire, elle se borne à soumettre les indigènes à ses lois de police, leur permettant de conserver leurs coutumes dans tout ce qui ne touche pas aux choses qui intéressent essentiellement la sûreté du pouvoir colonisateur.

C'est le second système que la France a toujours préféré, respectant les lois et coutumes des indigènes, se gardant de leur imposer les nôtres, voulant seulement leur apprendre à connaître celles-ci et par là, ainsi que le disait un éminent magistrat (2), « faire brèche dans ces intelligences et dans ces cœurs, que tient encore captifs une civilisation surannée, dont la France respecte même les écarts, mais qu'elle ne s'est point interdit de vaincre par la persuasion. »

Il n'est donc pas vrai de dire, comme on l'a fait, que nous songeons toujours et avant tout au *bouleversement des sociétés indigènes*, parce que « nous sommes les fils de cette Révolution française qui, le sabre d'une main et la Déclaration des droits de l'homme de l'autre, fit un jour le noble rêve d'imposer sa façon de concevoir le bonheur à tout l'univers » (3).

Bien loin de *bouleverser les sociétés indigènes*, nous les respectons et nous leur garantissons l'application de leurs lois, ce qui n'est, en somme,

---

(1) Extrait de la Revue de Jurisprudence, de Doctrine et de Législation Coloniale : *La Tribune des Colonies et des Protectorats*. Février et Mars 1899.

(2) M. Dufour-Brunet, ancien procureur général près la Cour d'Appel de Pondichéry, aujourd'hui Président de Chambre à la Cour de Poitiers, *Les Droits de l'homme*, discours de rentrée, 1882, p. 32.

(3) *Le Temps*, 20 février 1898.

comme on l'a dit avec raison, *qu'un acte de loyauté et de bonne politique* (1).

C'est ainsi que, à l'ombre du drapeau français, le musulman d'Algérie reste régi par le Coran (2).

C'est ainsi que, au Sénégal, les Arabes et les Maures conservent leur statut personnel musulman, en ce qui concerne l'état-civil, les mariages, les successions, les donations et les testaments (3).

C'est ainsi que, en Cochinchine (4) la loi annamite demeure applicable à la population asiatique.

De même, au Congo français (5), aux Iles Sous-le-Vent (6), à Madagascar (7), nous avons assuré aux indigènes le respect de leurs lois et coutumes.

II. — Dans les Établissements français de l'Inde, enfin, c'est à la loi Indoue et à la loi Musulmane que demeure soumise la population native.

Dès 1769, en effet, la France prenait soin d'affirmer le maintien de ces législations.

« *La Nation*, dit l'art. 16 du titre II du règlement du 30 décembre 1769 (8), *s'étant engagée dans les commencements de son établissement à Pondichéry, à juger les Malabars et autres Indiens suivant les mœurs et coutumes et lois Malabares, le lieutenant civil se conformera, à cet égard, à ce qui a été pratiqué jusqu'à ce jour au siège civil de la chaudrie.* »

Au lendemain du jour où l'Angleterre nous retrocédait les débris de l'empire de Dupleix, le comte Dupuy, gouverneur, proclamait solennellement le même principe.

« Le respect des Indiens pour les anciennes et constantes traditions de leurs ancêtres devant être considéré comme un hommage qu'ils rendent à la sagesse de leurs ancêtres, nous voulons, autant qu'il dépend de nous, perpétuer en eux un sentiment aussi louable. »

Et il ajoutait : « *Nous voulons, en conséquence, que ce qui s'est fait avant 1789 continue de se faire sans restriction et sans innovation* » (9).

Puis, consacrant ce principe par un texte législatif, ce même gouverneur prenait, le 6 janvier 1819, un arrêté dont l'art. 3 est ainsi conçu :

« *Les Indiens, soit chrétiens, soit maures ou gentils seront jugés, comme par le passé, selon les lois, usages et coutumes de leur caste.* »

---

(1) Rapport de M. Godin à la Chambre des Députés à l'occasion de l'acquisition des Iles Sous-le-Vent, 9 décembre 1880, *Journal officiel* des 24 et 27 décembre, p. 12813 et 12925.

(2) Sénatus-consulte du 14 juillet 1865.

- (3) Décret du 20 mai 1857.

(4) V. pour la Cochinchine, le Décret du 25 juillet 1864, art. 11.

(5) V. pour le Congo français, le Décret du 28 septembre 1897, art. 27, *Tribune*, 1897, *Documents*, p. 155.

(6) V. pour Tahiti ou Iles Sous le-Vent, la déclaration de la reine Pomaré, du 20 juin 1880, la loi du 30 décembre 1880, le Décret du 17 septembre 1897, art. 12, *Tribune*, 1897, *Documents*, p. 150.

(7) V. pour Madagascar les Décrets des 28 décembre 1895, 9 juin 1896 et 24 novembre 1898, *Tribune*, 1896 et 1899, *Documents*, pp. 135-394-456 et 9.

(8) V. l'art. 16 du titre II du règlement du 30 décembre 1769 (Laude, *Législation*, p. 13).

(9) Déclaration du 13 décembre 1818 (Laude, *Législation*, p. 14).

III. — L'application de ce principe n'a jamais présenté de difficulté en matière civile et les tribunaux de l'Inde, la Cour d'appel de Pondichéry, la Cour de cassation, enfin, ont à maintes reprises, fait aux natifs de nos Etablissements application des lois et des coutumes Indoues ou Musulmanes qui constituent leur *statut personnel*.

Les Indous ont vu successivement nos tribunaux consacrer leurs coutumes dans les matières les plus diverses, touchant les unes à la constitution de la famille, les autres à la propriété.

C'est ainsi que la Cour de Pondichéry et la Cour de cassation ont, par maints arrêts, reconnu la légitimité de la polygamie (1), affirmé le droit des veuves d'un Indou, quel que soit leur nombre, a recueillir sa succession, lorsqu'il ne laisse pas de postérité (2), considéré enfin comme valable l'adoption d'un fils, faite au nom du mari défunt (3) parsa veuve et même par ses veuves, lorsqu'il en laisse plusieurs (4).

De même, la Cour de Pondichéry et la Cour de cassation ont rendu de nombreux arrêts, en matière de succession, consacrant notamment tantôt le droit alimentaire de la veuve (5), tantôt, dans les successions des bayadères, les droits successoraux de leurs filles, et à défaut seulement de filles, les droits de leurs fils naturels (6) ; — en matière de donation (7), — de minorité et de tutelle (8), — en matière de fidéicommis (9), — en matière d'œuvres de bienfaisance (10), — enfin dans la matière, toute spéciale à l'Inde, de la communauté de biens existant entre les frères et, après eux, entre leurs descendants (11).

IV. — Les musulmans de l'Inde, de leur côté, ont vu affirmer les règles de leur droit par les juges français.

C'est ainsi que le Musulman de nos Etablissements a fait reconnaître son droit à avoir en même temps quatre épouses légitimes ; c'est ainsi, également, que sa majorité, sa tutelle (12), ont été et sont encore régies par son statut personnel (13).

---

(1) et (2) V. sur ces questions et celles ci-après indiquées, les nombreux arrêts de la Cour de Pondichéry, rapportés par Eyssette dans sa *Jurisprudence de la Cour de Pondichéry, droit indou.*

(3) et (4) V. à cet égard le même ouvrage et aussi l'arrêt de la Cour de cassation du 20 juillet 1887, Sirey, 1888-1-67 ; et Trib. de Pondichéry 23 mars 1896, *Tribune*, 1895, art. 926, p. 271.

(5) V. Tribunal de Pondichéry 23 novembre 1896, *Tribune*, 1897, art. 1072, p. 188.

(6) V. Tribunal de Pondichéry, 31 janvier 1898, *Tribune*, 1898, art. 1234, p. 248.

(7) V. en matière de donation, C. de Cass., 5 avril 1876, *Sirey*, 1877, I, p. 75.

(8) V. en matière de tutelle C. de Pondichéry, 8 mai 1897, *Tribune*, 1897, art. 1122, p. 306.

(9) V. en matière de fidéicommis, C. de Cass., 6 juin 1866, *Sirey*, 1866, I, p. 280 ; — C. de Pondichéry, 20 mai 1897, *Tribune* 1897, art. 1110, p. 275.

(10) V. en matière d'œuvres pies, C. de Cass., Ch. Civ., 11 mai 1897, *Tribune*, 1897, art 1074, p. 191.

(11) V. notamment : C. de Cass., 12 nov. 1878. *Sirey* 79-1-28 ; — C. de Cass., Ch. des Req. 12 avril 1892 ; *Tribune*, 1891-92, art. 194, p. 575 et Tribunal de Pondichéry, 26 nov. 1894 et 17 déc. 1895, *Tribune*, 1895-96, art. 906 et 956. p. 222 et 373 ; Tribunal de Karikal, 2 novembre 1895, *Tribune*, 1897, art. 1152, p. 57.

(12) V. Tribunal de Pondichéry, 20 juin 1898, *Tribune*, 1898, art. 1270, p. 329.

(13) V. les décisions rendues en ces matières, que rapporte Eyssette, *Jurisprudence de la C. de Pondichéry, droit musulman.*

De même, c'est ce statut que nos tribunaux appliquent aux musulmans en matière de donation (1), de succession, enfin en matière de *habou* (2).

L'indigène de nos Etablissements de l'Inde, qu'il soit Indou ou qu'il soit Musulman, possède donc, de par l'arrêté de 1819, un *état civil* tout spécial, une personnalité toute différente de celle que possède l'Européen ou l'indigène qui, bénéficiant du décret du 21 septembre 1881, ou de la jurisprudence antérieure à ce décret, a renoncé à son statut personnel et s'est ainsi créé un *état civil* semblable de tout point à celui des Français européens ou descendants d'européens (3).

Cet état civil, cette personnalité, sont entièrement respectés, sans aucune difficulté, quel que soit le litige qui s'engage devant les tribunaux civils.

En doit-il être de même devant les tribunaux correctionnels et les juges criminels ? C'est ce qu'il nous reste à examiner.

CHAPITRE II

Du statut personnel en matière pénale

I. — Avant toute chose, il faut d'abord reconnaître que le statut personnel des natifs, dans nos Etablissements français de l'Inde, a toujours été restreint à la législation civile.

Jamais, sur l'ordre de nos tribunaux, la femme adultère n'a été dévorée par les chiens en place publique (4), jamais son complice n'a été étendu sur un lit de fer rouge (5) ; jamais l'Indou coupable d'avoir volé la vache d'un brahme n'a été condamné à avoir la moitié d'un pied coupé (6).

Jamais, enfin, ce qui est peut-être regrettable, nous n'avons eu recours pour arrêter les progrès de la récidive, à ce moyen assurément plus énergique que les dispositions de notre loi du 27 mai 1885 et qui consistait, pour un premier vol, à couper deux doigts au coupable ; en cas de récidive, à le priver d'un pied et d'une main ; en cas enfin de nouvelle récidive, à le punir de mort (7).

Loin d'appliquer aux indigènes de nos Établissements de l'Inde la loi pénale indoue ou musulmane, la France a toujours posé en principe que, seule, la loi pénale française leur serait applicable.

II. — En Cochinchine, au contraire, la législation pénale indigène reste partiellement en vigueur : l'art. 4 du décret du 16 mars 1880, rendant le Code pénal métropolitain applicable aux Annamites, sous certaines modifications, porte, en effet : « pour tous les crimes, délits et contraventions des indigènes ou asiatiques, non prévus par le présent Code, *les Tribunaux continueront d'appliquer les lois, règlements et coutumes annamites*, jusqu'à ce qu'il en soit autrement ordonné ; » et l'arrêté du 24 mars 1877, sans rien changer à la classification des crimes, délits et contraventions du Code

---

(1) V. Cass. Req., 26 déc. 1881, Sirey, 1882-1-265.

(2) Tribunal de Pondichéry, 16 novembre 1896, *Tribune*, 1897, art. 1058, p. 146.

(3) C. de Cass., 16 février 1885, Sirey, 1888-1-479.

(4) Manou, livre VIII, § 371.

(5) *Ibid.*, § 372.

(6) *Ibid.*, § 325.

(7) Manou, livre IX, § 277.

annamite, se borne à transformer les peines prononcées par ce Code en pénalités plus conformes à nos mœurs judiciaires.

De même, à Madagascar, les tribunaux indigènes organisés par le Décret du 24 novembre 1898 connaissent des contraventions et des délits prévus par les *coutumes locales*.

III. — Mais, nous le répétons, il n'en est pas ainsi dans l'Inde, où la loi pénale française est seule applicable.

C'est ce qu'affirmait l'art. 5 du titre III du règlement du 27 janvier 1778 ainsi conçu :

« *Toutes les affaires criminelles dont la connaissance appartiendra au lieutenant civil se traiteront suivant les lois du royaume de France et non suivant celles des Malabars qui, à cet égard, ont toujours été rejetées* (1) ».

C'est également ce qui résulte du décret du 6 mars 1877 qui a déclaré notre Code pénal applicable dans l'Inde sans aucune distinction entre les Européens et les natifs.

IV. — Jusqu'ici point de difficulté : en *matière civile*, respect du statut personnel ; en *matière pénale*, application de la loi française.

Mais cela veut-il dire que devant les tribunaux de répression, on ne puisse jamais avoir à invoquer la loi indoue ou musulmane ?

En France, ces tribunaux, il faut bien le reconnaître, sont maintes fois obligés, avant d'appliquer une pénalité, de recourir à la loi civile, pour savoir si le prévenu se trouve dans telle condition de droit civil que prévoit le texte pénal, soit comme élément essentiel, soit comme circonstance aggravante ou atténuante du délit.

Ainsi il ne peut y avoir *abus de mandat* (art. 408 C. P.) que s'il y a *mandat* (art. 1984. C. Civ.).

Il n'y a *adultère* (art. 339 C. Pénal), *bigamie* (art. 340 C. P.) que s'il y a *mariage* (2).

L'excuse de l'art. 324 § 2, C. P. en cas de meurtre commis par l'*époux* sur l'*épouse adultère* n'est elle-même applicable que s'il y a également *mariage*.

De même l'aggravation prévue par l'art. 334 C. Pénal, en cas d'*excitation à la débauche* ne peut frapper le prévenu que si celui-ci est le *père*, la *mère* ou le *tuteur* de la victime.

De même encore, il n'y a *détournement de mineur* (art. 354. C. Pénal) que si la victime se trouve dans les conditions d'âge prévues par l'art. 388 du Code Civil.

V. — Sans multiplier davantage les exemples, il est donc certain qu'en France le juge de répression, pour appliquer la loi pénale, doit avoir sous les yeux la loi civile et doit respecter cette loi.

Dans l'Inde, quelle sera la loi civile que ce juge devra ainsi consulter, lorsque le prévenu sera un indigène ?

Pour nous, point de doute : ce sera la loi civile de cet indigène.

En effet, même devant le juge de répression, l'Indou se présente avec son état civil, avec sa personnalité civile dont il n'abdique pas les charges

---

(1) Laude, *Législation*, p. 15.
(2) C. de Cass. Crim., 13 avril 1867, *Sirey*, 1867-1-341.

et ne perd pas les droits; il n'est marié que s'il a contracté mariage, comme le lui permet le Décret du 21 avril 1880 (1), selon les lois et coutumes de sa caste; mais, d'autre part, s'il a contracté un tel mariage, il a le droit absolu de faire respecter son état civil, et d'être considéré comme bien et valablement marié par tout juge français, que ce soit le juge civil ou le juge correctionnel. Nul ne peut lui dire : « Votre mariage n'existe pas pour moi, parce que vous ne vous êtes pas soumis aux formes françaises du mariage. »

De même, l'Indou, majeur d'après sa loi, a droit de se faire considérer comme majeur devant tout juge français, que ce juge soit un juge civil, ou un juge correctionnel (2).

Ce dernier, par exemple, ne pourrait pas déclarer irrecevable l'action civile d'un Indou sous prétexte que, majeur selon le droit indou, celui-ci serait encore mineur aux yeux de l'art. 388 du C. Civ.

De même, en matière d'abus de mandat. il ne pourrait pas considérer comme inexistante une procuration, sous prétexte que le mandant, majeur en droit indou, serait mineur en droit français.

Donc, la loi civile que le juge de répression doit consulter, est, pour le natif, son statut personnel.

On ne comprendrait pas, en effet, que le natif pût être un être hybride, qu'il faudrait considérer tantôt comme marié, si l'on est devant le juge civil, tantôt comme célibataire, si l'on est devant le juge de répression, comme majeur devant tel tribunal, comme mineur devant tel autre.

VI. — Nous devons cependant reconnaître que l'opinion que nous exprimons ici est contraire aux enseignements de plusieurs éminents jurisconsultes (3).

---

(1) Il est à remarquer que le Décret du 21 avril 1880, relatif à l'état-civil des Indiens (*Moniteur officiel. Inde,* 1880, p. 885), permet aux natifs de s'assurer, en matière de mariage, le maintien de leur statut personnel ; après avoir, par sa section Ire (art. 1er), déclaré applicable aux natifs le titre II du livre Ier du Code Civil, relatif aux actes de l'état civil, qui contient les art. 63 et 5 relatifs aux actes de mariage, ce décret prend soin, dans sa section II (art. 3). de disposer que *les natifs appartenant au culte brahmanique ou musulman pourront* ou bien contracter mariage devant l'officier de l'état civil ou bien *continuer à faire célébrer leur mariage conformément aux us. et coutumes* sous la seule condition de certaines déclarations destinées à assurer la constatation du mariage.

Dans son art. 8, ce décret déclare le titre V, livre Ier du Code Civil, applicable aux natifs qui se marient conformément aux dispositions de la section Ire du titre Ier du décret, c'est-à-dire devant l'officier de l'état-civil ; or, parmi les dispositions de ce titre V figure l'art. 147, qui interdit de contracter un second mariage, avant la dissolution du premier, en sorte que les natifs qui se marient devant l'officier de l'état-civil sont réputés avoir, par ce fait seul, renoncé à la bigamie en se soumettant à cet article 147.

Mais nous avons vu que les natifs ne sont pas tenus d'aller devant l'officier de l'état-civil et restent libres de se marier devant le brahme, le pandaron ou le cazi ; or, le décret de 1880 n'étend pas l'application du titre V, livre Ier du Code Civil aux natifs qui profitent de cette liberté, de sorte que ceux-ci conservent intact, en matière de mariage, leur statut personnel.

(2) *Sic :* C. de Pondichéry, 3 février 1898 et sur pourvoi, Cass. Cr., 7 juillet 1898, *Tribune,* 1899, art. 1286, p 47. Aux termes de ces arrêts, les Indous peuvent, à 16 ans, âge de la majorité indoue, être condamnés comme coupables de banqueroute en cas d'infraction aux art. 585 et 586 C. Com.

(3) Laude, *Manuel de Droit indou,* 1re éd., p. 52; — de Langlard, *Leçons de Droit indou,* p. 153 et *Leçons de Droit musulman,* p. 176.

Mais nous ne saurions nous incliner devant la doctrine de ces auteurs.

Sur quoi repose cette doctrine?

Il faut écarter tout d'abord les difficultés d'application que M. de Langlard oppose fort ingénieusement à notre système, mais qui ne sauraient, en droit, modifier la situation tandis que, en fait, elles sont de peu d'importance puisque, en matière de coutume, c'est au juge du fond qu'il appartient de préciser quelle est cette coutume et de créer une jurisprudence suppléant, s'il est nécessaire, aux insuffisances de la loi écrite.

Reste l'art 5 du titre III de l'arrêté de 1778 qui constitue la seule base de droit sur laquelle M. Laude et les auteurs qui l'ont suivi aient pu faire reposer leur système.

Eh bien, ce texte ne dit absolument rien de ce qu'on veut lui faire dire.

Il affirme que les *affaires criminelles* se traitent suivant la loi française, c'est-à-dire que les crimes et délits sont punis d'après la loi française, mais cela ne veut pas dire que devant la *juridiction criminelle*, les difficultés de droit civil doivent nécessairement et exclusivement se traiter d'après la loi française.

Si cela pouvait faire doute, il suffirait de se reporter à l'art. 1er du décret du 18 septembre 1877 qui prend soin d'affirmer *qu'il n'est pas dérogé, dans les Etablissements français de l'Inde, aux dispositions de l'arrêté local du 6 janvier* 1819 (art. 3), dispositions ainsi conçues :

« Art. 3. — *Les Indiens, Maures ou Gentils seront jugés, comme par le passé, suivant les lois et coutumes de leur caste.* »

Nous écartions plus haut les difficultés d'application imaginées par M. de Langlard.

Avons-nous besoin de faire remarquer à quelles conséquences conduirait son système?

Quelques exemples suffiront.

Les musulmans jouissent de leur statut personnel ; donc la polygamie existe chez eux ; chaque musulman peut avoir quatre épouses légitimes et un nombre illimité de concubines (1).

Supposez un musulman (2) poursuivi pour bigamie (art. 340 du C. pénal) ou pour adultère (art. 339, C. pénal); lui sera-t-il interdit de dire : « mais pardon, je suis musulman, je jouis de mon statut personnel? » pourra-t-on lui répondre : « ne parlez pas de votre statut personnel, nous sommes en matière pénale » ?

D'après M. de Langlard (3), on pourrait lui faire assurément cette réponse, mais d'après ce même M. de Langlard qui se donne, à quelques pages de distance, un démenti (4), il n'en est plus ainsi.

Cet auteur enseigne, en effet, que « l'existence d'un premier mariage ne constitue un obstacle à un second mariage *que pour la femme musulmane, non pour l'homme* » ; puis, abordant la question pénale, il ajoute en note :

---

(1) De Langlard, *Leçons de Droit musulman*, p. 39.

(2) La même hypothèse pourrait se présenter pour un Indou, puisque l'Indou peut, en cas de stérilité, prendre une seconde et même une troisième épouse. (V. Sorg. *Principes de Droit indou*, p. 51.)

(3) De Langlard, *Droit musulman*, p. 176.

(4) *Ibid.*, p. 53.

« *la femme musulmane qui prendrait un second mari, le premier vivant encore,
serait passible des peines de l'adultère (1).* »

Ainsi M. de Langlard parle de *peines* de l'adultère (c'est-à-dire de *peines*
de notre Code pénal, car il n'y en a pas d'autres) pour la femme musulmane, mais non pour l'homme : pourquoi ? parce que le statut personnel
de celui-ci lui permet un second mariage : donc M. de Langlard, à la
page 53, donne un démenti à sa doctrine de la page 176.

Il y a mieux ; M. de Langlard applique à la femme musulmane qui se
remarie les peines de l'adultère : donc il reconnaît qu'elle est mariée.
D'autre part, puisqu'elle est adultère, il excuserait le premier mari qui la
frapperait dans le cas de flagrant délit (art. 324, C. P.) ; et cependant à ce
premier mari il devrait dire : « votre mariage, nous ne le connaissons
pas ; vous n'êtes pas un mari et votre femme n'est ni épouse, ni adultère. »

Autre exemple : la Cour de cassation a admis la validité d'une adoption
faite par une veuve indoue dans des conditions et des formes tout à fait
différentes de celles prévues par les art. 353 et suivants du C. Civ. (2).

Supposons la mère adoptive assassinée ou simplement blessée par l'individu ainsi adopté ; le juge de répression fera-t-il, oui ou non, application
des art. 299 ou 312 du C. P. ?

Considérera-t-il le prévenu comme un fils adoptif ou comme un étranger ?
comme un fils adoptif assurément : on ne s'imagine pas, en effet, la Cour
de cassation, Chambre civile, affirmant une adoption et la Cour de cassation, Chambre criminelle, la niant.

VII. — Ainsi le mariage, l'adoption accomplis par des natifs selon
leurs us et coutumes ne pourront pas être tenus pour inexistants par le
juge criminel.

Nous n'avons jamais eu de doute sur cette doctrine, que nous avons déjà
affirmée (3), mais qui semblait faire doute non seulement en doctrine (4),
mais encore en jurisprudence.

Laude, en effet, cite, sans en rapporter le texte, un arrêt de la Cour
d'appel de Pondichéry du 25 février 1842, qui, en matière de détournement de mineure commis à l'égard d'une jeune Indoue, aurait appliqué la
majorité française et non la majorité indoue (5).

D'autre part, la question posée à deux reprises devant la Chambre criminelle de la Cour de cassation n'avait pu être résolue par cette haute
juridiction, soit qu'elle ait été insuffisamment posée par les conclusions
prises devant le juge du fait (6), soit qu'un moyen de forme ait primé ce
moyen de droit devant la Cour suprême (7).

Mais aujourd'hui, un récent arrêt de la Chambre criminelle de la Cour
de cassation semble devoir trancher toute difficulté (8).

---

(1) De Langlard, *Leçons de Droit musulman*, p. 53.
(2) C. de Cass., Ch. Civ., 20 juillet 1887, *Sirey*, 1888, I., p. 67.
(3) *Journal du Droit criminel*, 1886, p. 81.
(4) V. les auteurs que nous avons cités plus haut, p. 44.
(5) Laude, *Législation*, p. 15.
(6) C. de Cass., 7 mai 1886, *Journal du Droit criminel*, 1886, art. 11472, p. 150.
(7) C. de Cass., Ch. Crim., 29 juillet 1897, *Tribune*.
(8) C. de Cass., Ch. Crim., 7 juillet 1898 (*Tribune* 1899. I., art. 1286, p. 47).

CHAPITRE III

De la renonciation au statut personnel et de ses effets

I. — Il reste cependant une question assez délicate qui a été soulevée par un éminent magistrat, M. Sorg, président du Tribunal de première instance de Pondichéry, dans son savant ouvrage sur les *Principes de Droit hindou.*

Commentant le décret du 21 septembre 1881, qui, confirmant une jurisprudence ancienne, permet aux natifs de l'Inde de renoncer à leur statut personnel, M. Sorg (1) arrive à examiner quelques difficultés auxquelles a donné lieu, au point de vue juridique, la renonciation et s'exprime ainsi :

« Nous avons vu plusieurs actes mentionnant la renonciation d'un individu pour lui *et ses femmes* (deux et même trois) ; il est certain ·que la renonciation ne saurait avoir pour effet de dissoudre le mariage légitime de l'une d'elles et de la priver des droits que lui a conférés cette union ; mais l'on aboutit à ce résultat étrange qu'*un citoyen Français se trouve en état de bigamie ou même de polygamie.* Nous nous bornerons à signaler cette antinomie sans avoir la prétention de la résoudre (2). »

Le résultat est étrange, mais il doit nécessairement se produire.

En effet, la renonciation n'a pas d'effet rétroactif ; elle n'a d'effet pour les renonçants, *leurs femmes et leurs enfants mineurs* (art. 1er du décret de 1881) que pour l'avenir.

Ainsi de même que les enfants du renonçant qui, majeurs en droit indou, n'ont pas atteint la majorité française, ne bénéficient pas de la renonciation, parce qu'ils ont déjà des droits acquis que ne peut rétroactivement modifier cette renonciation ; de même les femmes du renonçant demeurent légitimement unies à lui, parce que le mariage constitue une situation de droit définitivement acquise et que ne peut entamer la renonciation.

Il est donc bien vrai de dire que le renonçant sera un citoyen Français en état de bigamie ou même de polygamie, mais cet état sera un état légitime et notre renonçant ne pourra pas être poursuivi par application de l'art. 340 du Code pénal.

Que cela paraisse étrange, c'est chose certaine, mais il en serait absolument ainsi dans le cas où le gouvernement aurait accordé la naturalisation à un musulman par application des dispositions de l'art. 8 du C. civil (Loi du 22 juillet 1893).

II. — Il est bien évident, en effet, que celui qui n'est pas né citoyen Français, mais qui le devient par naturalisation, ou par renonciation au

---

(1) M. Sorg, juge-président du Tribunal de première instance de Pondichéry, que nous avons l'occasion de citer souvent, a consacré à l'étude du Droit indou de très intéressants travaux, notamment : *Introduction de l'étude du Droit indou,* Pondichéry, 1895 ; — l'*État présent du Droit indou,* articles parus dans la *Tribune des Colonies,* novembre 1895, janvier, février, mars et avril 1896 ; — *Principes du Droit hindou,* Pondichéry, 1897 ; — *Avis du Comité* de jurisprudence Indienne, Pondichéry, 1897.

(2) Sorg, *Principes de Droit Hindou,* p. 371.

statut personnel, arrive à cette dignité avec un passé juridique qu'il ne peut répudier.

Il peut avoir contracté tel mariage que sa loi d'origine considérait comme légal, et qui, par suite, est légitime, mais que la loi Française ne lui aurait pas permis de contracter.

Il peut avoir adopté un enfant, avoir été lui-même adopté par un autre natif, selon les rites de son statut personnel, mais sans l'accomplissement des prescriptions de nos articles 343 et suivants.

Dans toutes ces hypothèses, mariage, adoption sont des actes accomplis légalement, des actes légitimes, définitifs, qui survivent à la renonciation au statut personnel.

Lorsqu'il s'agit d'un renonçant, par conséquent, il faut distinguer deux époques dans sa vie, l'une qui était régie par le statut personnel et durant laquelle il a pu prendre des engagements, contracter des liens qui subsistent même après la renonciation, l'autre qui est désormais régie par le Code civil ; et cela est vrai aussi bien devant le juge de répression que devant les tribunaux civils.

L'hypothèse intéressante signalée par M. Sorg n'est donc nullement imaginaire ; elle a pu, elle a même dû se réaliser et, si elle conduit à un résultat qui peut nous paraître étrange, ce résultat n'a rien qui doive modifier en quoi que ce soit les conclusions logiques auxquelles nous arrivions plus haut.

III. — Toutefois le fait de la renonciation au statut personnel peut donner naissance à des difficultés réelles qui naîtraient du conflit des deux législations successives auxquelles s'est trouvé soumis le renonçant.

M. Sorg en envisage plusieurs qu'il peut être intéressant d'examiner : telles sont celles ayant trait au *régime du mariage*, à la *communauté entre frères*, à la *succession d'un renonçant*.

IV. — Régime du mariage. — « La renonciation dit-il, ne saurait modifier les droits réciproques des époux sur leurs biens personnels et avoir pour résultat de les placer sous le régime de la communauté légale ; le Code civil, auquel ils sont dès lors soumis, pose en effet, en principe, l'immutabilité des conventions matrimoniales (1) ».

Cette solution nous paraît parfaitement sage, mais ne voit-on pas, ici encore, quelque étrangeté à voir des époux Français mariés sans contrat, mais soumis néanmoins à un régime matrimonial absolument différent de notre communauté légale ?

Cela est pourtant juridique, car la coutume indoue acceptée par ces époux par le fait seul de leur mariage célébré selon les prescriptions de cette coutume, à l'époque où celle-ci était leur statut personnel, cette coutume, disons-nous, a constitué pour eux une sorte de contrat de mariage qui ne peut subir aucun changement ; la loi française intervenant et devenant, par le fait de la renonciation, le statut personnel de ces époux, ne pourrait, sans méconnaître une de ses règles les plus positives, celle inscrite dans l'art. 1385 du Code civil, modifier cette situation de droit et remplacer le régime matrimonial indou par tel ou tel autre des régimes prévus par notre Code.

Quel serait, d'ailleurs, ce régime ? serait-ce la communauté légale sous prétexte que le mariage avait été célébré sans contrat ? serait-ce le régime

----

(1) Sorg, *loc. cit.*, p. 371.

dotal sous prétexte que c'est celui qui se rapproche le plus du système de la coutume indoue? Dans le premier cas, la solution adoptée violerait des droits acquis et donnerait un effet rétroactif à la renonciation au statut personnel ; dans le second, elle ne serait qu'un expédient, ou à peu près.

Nos époux, mariés sous le régime indou, demeureront donc pendant toute la durée du mariage, même après leur renonciation au statut personnel, soumis à ce régime ; la renonciation au statut personnel ne peut pas plus porter atteinte à ce régime qu'elle n'a pu porter atteinte, — nous le disions plus haut, — au mariage lui-même.

Ce régime, qui se rapproche de notre régime dotal, en diffère cependant d'une façon notable puisque la loi, ou plus exactement la coutume in-doue (1), considère comme appartenant en propre à la femme les biens qui lui ont été donnés par ses parents (2), mais non ceux qui lui ont été donnés par des étrangers (3).

V. — Communauté entre frères. — « Il arrive fréquemment que des frères ou autres parents, après avoir renoncé à leur statut personnel, continuent néanmoins à vivre en communauté de biens ; mais les règles et présomptions admises en cette matière par le droit indou ne leur sont plus applicables ; ils doivent être considérés comme des copropriétaires ayant le droit de disposer chacun de sa part indivise, soit à titre gratuit, soit à titre onéreux, et au décès de chacun d'eux cette part revient à ses héritiers (4) ».

Voilà qui est parfait, et nous admettons cette solution, mais seulement pour le cas où *tous les communs en biens* ont renoncé à leur statut personnel.

En ce cas, en effet, du jour de la renonciation, ils peuvent être considérés comme des copropriétaires ; dans le passé, leurs acquisitions auront été faites pour la communauté ou à titre de pécule, selon les présomptions du droit indou ; pour l'avenir, ils seront considérés comme des copropriétaires d'après le Droit civil Français.

Mais, si l'un seulement des communs a renoncé à son statut personnel, non les autres, il n'en sera plus de même : cet unique renonçant ne pourra pas imposer à ses communs en biens une transformation de leur situation juridique.

Cette situation subsistera donc et subsistera même à l'égard de l'unique renonçant qui se trouvera, par conséquent, soumis, même après sa renonciation, aux règles spéciales de la communauté indoue, à celles régissant, par exemple, les acquisitions à titre de pécule ; le maintien de ces règles à son égard sera, en effet, la conséquence nécessaire du maintien de la communauté.

VI. — Succession. — « La succession du renonçant, dit M. Sorg, est régie par la loi Française. Ainsi, ses parents même non renonçants (par exemple ses frères et ses sœurs) recueillent son héritage de préférence à sa veuve qui n'a droit, aux termes de la loi française, qu'à l'usufruit de la moitié de ses biens. »

---

(1) M. Sorg enseigne avec beaucoup de raison que, en Droit indou, l'usage nettement établi doit prévaloir sur la loi écrite. (*Principes du Droit indou*, p. 21.)

(2) Sorg, *ibid.*, p. 249.

(3) Sorg, *ibid.*, p. 251.

(4) *Ibid.*, p. 372.

Nous n'avons rien à opposer à cette affirmation d'un principe parfaitement juste ; mais cette règle de l'application de la loi Française à la succession du renonçant peut dans certains cas présenter quelques difficultés.

Supposons, en effet, que le défunt fût ce commun en biens dont nous parlions plus haut, c'est-à-dire ce renonçant demeurant lié à des non-renonçants par les liens d'une communauté de biens indoue.

En Droit indou, le décès de l'un des communs ne dissout pas la communauté qui subsiste, même entre cousins germains (1), si la communauté d'habitation et d'intérêts subsiste également (2).

Supposons donc que de trois frères un seul ait renoncé à son statut personnel, qu'il ait continué à vivre en communauté d'habitation et d'intérêts et par conséquent de biens, qu'enfin il vienne à décéder laissant deux fils.

Ses fils sont des renonçants recueillant la succession d'un renonçant ; donc en Droit français ils seraient, jusqu'à partage, propriétaires indivis de la succession paternelle.

Mais celui-ci était en état de communauté avec ses frères non renonçants et il a laissé subsister cet état qui créait à ses frères des droits acquis, non détruits par sa propre renonciation au statut personnel.

Lui mourant, ses frères ont le droit de considérer la communauté comme subsistante même vis-à-vis des fils du défunt.

Donc la communauté subsiste et les deux fils du renonçant sont de par le Droit français copropriétaires indivis d'une part de communauté qui, elle, reste régie par le Droit indou (3).

Tout cela serait compliqué si la possibilité pour tous les communs de demander le partage, à un moment quelconque, ne permettait toujours de sortir de cette situation,

VII. — Tout ce que nous voulons retenir de là, c'est ceci :
La renonciation ne produit effet que pour l'avenir.

Elle respecte les droits acquis ; par suite le renonçant peut, même après sa renonciation, rester, pour certains actes, soumis à la loi indoue, soit qu'il s'agisse de droits nés pour lui de contrats librement consentis dans le passé, soit qu'il s'agisse de ses rapports juridiques avec des tiers démeurés soumis, eux, à la loi Indoue et ayant acquis vis-à-vis de lui des droits régis par cette loi et qu'il ne lui appartient pas de modifier par un acte de sa seuls volonté.

---

(1) Sorg, *ibid.*, p. 215.

(2) Sorg, *ibid.*, p. 217.

(3) M. Sorg explique combien la communauté indoue diffère de l'indivision. (*Ibid.*, p. 216 et 237.)